Christel Bethke
Rückenwind

Christel Bethke

Rückenwind

Gedankensplitter

Bibliografische Information der Deutschen Nationalbibliothek
Die Deutsche Nationalbibliothek verzeichnet diese Publikation in
der Deutschen Nationalbibliografie; detaillierte bibliografische Daten
sind im Internet über http://dnb.d-nb.de abrufbar.

1. Auflage 2016

Alle Rechte bei der Autorin
Vervielfältigung von Text und Bildern,
auch auszugsweise, sind nur mit Genehmigung
der Autorin gestattet.

Umschlaggestaltung: Roland Poferl Print-Design, Köln
Umschlaghintergrund: Benno Schwetz
Layout: Verlagsservice Monika Rohde, Leipzig
Produktion: VMR, Leipzig
Herstellung und Verlag: BoD – Books on Demand, Norderstedt

ISBN 978-3-7412-1177-5

Inhalt

Traum	9
2014	10
Ein Tag im Leben der Rentnerin Ch. B.	11
Meine Geburtstagspost zum 83.	16
Das Spiel	17
Wie klug mancher war	17
„Fasse Dich kurz"	18
Spruch des Tages NWZ	18
Station 41	19
Sterbebegleitung	20
Was ich für die anderen bin	21
Die stillen Helden	21
Weltmeisterin	22
Risiko	23
11. August 2014	23
Lust auf Leute	24
Die 85-Jährige	24
Ich bin eine Dichterin!	24
Störfaktor, ich	25
„Du erwartest zu viel"	25
Anonymos im Turm	27
Etwas stimmt da nicht	27
Warum denke ich	28
Gott sei Dank	28
Reiß dich am Riemen	28
Ist das das Gleiche	29
Gedrucktes aus der NWZ	30
Erfüllter Tag	31

Wahlfreiheit	32
Komisch	32
Das Familienskelett	33
Äpfel	33
Tut, tut, ein Auto kommt!	34
Wenn das „Haus Europa"	34
Wir, die wir zum Denken neigen	35
Abgesang	35
Meine blaue Stunde	36
Eine Gedenkfeier jagt die andere	36
Rote Nullen	37
Daniel	38
Nur noch das machen	38
Im Regen zum Klinikum	39
Irrsinnige Zeit	40
„Immer am Orte des Geschehens"	40
Der Heilpraktiker	41
Besuchszeit	42
Das letzte Stückchen Brot	43
1	44
2 Zurück	44
„Doch die Verhältnisse, die sind nicht so"	45
Und wieder die alte Platte	46
Kriegsgeneration	47
29. Juni 15	48
24. Dezember 2014	49
Rückenwind	52
Der springende Punkt ist Freude	53
Ein Mitbewohner?	54
Flatrate	54

G. G.	55
Mein zweites Ich	55
Und schon ist man „weg vom Fenster"	56
Wir Flüchtlinge	56
„Warum sollten wir jetzt verzagt sein"	58
Für mein bestes Stück	59
Apfel-Kürbis-Herbst – meine Zeit	60
Morgendliche Feststellung im Bett	61
Zum Glück muss man geboren sein	63
Verpasste Gelegenheit	63
Sorgenlos	63
Vernetzt	64
Das wussten schon die Alten	64
Dudderkeile	65
Freudsche Fehlleistung	66
Kaffee	66
Machst'en Kaffee?	67
So muss es sein	68
Nachbarschaft	69
Zum Geburtstag als Bettlektüre	70
Es waren zwei Königskinder	71
Schade	73
Was hat die da gesagt?	74
„Lirum, Larum, Löffelstiel	75
Esther	76
Rad ab	77
Um den Sommer zu hören	77
Bevor ich für immer einschlafe	78
Solidarität	78
Lieber Brecht als Brentano	78

„Ich wundre mich, dass ich so fröhlich bin"	79
Tauchstation	83
Das ist auch Geschichte	83
Märchen aus Tausendundeiner Nacht werden wach	84
Ich nehme alles zurück	85
Licht und Schatten	86
Heute nacht träumte ich	88
Kurz vor dem 86!	89
Plagiaterie	90

Traum

In der Nacht vom 15. auf den 16. Dezember hatte ich einen Traum: bin in der Fabrik und soll aus langen schmalen Netzstreifen ein großes Stück fertigen. Wie soll das gehen? Mit viel Überlegung werde ich es hinkriegen. Viele Nähte, ganz kleine Maschen, mit Zusammenstückeln an den Enden wird es reichen. Die Nähte werden sichtbar bleiben, weil ich in Handarbeiten nie wirklich gut war. Aber immer wieder zur Besessenheit ausufern lasse. Der Traum verließ mich nicht, und unterschwellig war auch das Buch in Gedanken präsent. Ich bin froh, dass es noch nicht da ist und ich, wie das Netz im Traum, umarbeiten kann. Das musste alles so sein, liebe Frau Rohde. „Fingerzeige", endlich mal erkannt. Der Hexenschuss zwang mich zur Zwangspause, die ich auch positiv deuten wollte. Schmerzen ohne Ende. Heute geht's besser, etwas, und Zeit. Und die nehmen Sie sich bitte auch, auch wenn Sie ganz viel Arbeit haben, und überdenken nochmal mein Vorhaben. Ich möchte einfach nur noch Freude daran haben.

2014

Guten Rutsch
ins neue Jahr!
Wenn's wird,
wie's alte war,
können wir zufrieden sein.

Anfangs tat der Arm so weh,
später noch ein linker Zeh,
alles linderte der Mai.
Fahrradkauf, ich war so frei,
nochmal Frühling
for my feeling.

Auch der Sommer brachte Freude:
Schwimmen, Radeln, nette Leute.
Hier im Haus und anderswo
offen sein, das machte froh.

Dann der Herbst mit seinen Farben,
Obst und Kürbis, goldne Gaben,
in der Fülle Sparsamkeit,
tiefe, tiefe Dankbarkeit.

„Nimm nicht alles so genau,
lass auch 5 mal grade",
sprach die alte Flüchtlingsfrau,
denn es wäre schade,
voller Brass hier abzugeh'n.
Machen wir es uns noch schön!

30. Dezember 2013

Ein Tag im Leben der Rentnerin Ch. B.

Aufstehen kurz vor sechs. Kaffee und Nachrichten, noch im Bademantel, am Küchenfenster mit Blick auf den See. Pferdefleisch, das „europaweit" in verschiedenen Produkten gefunden wird, wird das Thema des Tages werden. Ebenso wie das „Dirndelfüllende" der vergangenen Woche. Immer etwas Neues, der Mensch muss unterhalten werden und sich aufregen können.
Kurz vor acht Termin beim Facharzt für Orthopädie. Seit fünf Monaten immer unerträglicher werdender Schmerz in der rechten Schulter lässt keine Lebensfreude mehr aufkommen.

Nach Abschätzung der Wetterlage und Straßenverhältnisse gehe ich rechtzeitig, noch vor sieben Uhr los. Was für ein Verkehr! Alles strebt zur Arbeit. Gedankengänge: das alles hast du hinter dir. Wie machtest du das mit zwei Kindern, später drei, ohne Auto, ohne Handy, alles mit dem

Rad, winters und sommers, ein Kind vor dir im Kindersattel, die anderen nebenher auf eigenen Rädern. Kilometerweit. Schweig stille, mein Herz, und denk an deine Schulter.

Zu früh. Die Alte kommt zu früh. Die Praxis der „Fachärzte" ist noch geschlossen, aber Licht hinter der Tür. Während ich davorstehe, steigt ein Mensch aus dem Fahrstuhl neben mir mit einem Brötchen in der Hand, schließt die Tür auf, gibt mir mit vollem Mund ein Zeichen einzutreten und schließt hinter mir die Tür wieder ab. Er verschwindet hinter einer der vielen Türen, die auf den Vorraum führen, und ich setze mich. Alles wie im Stummfilm. Ich denke, das ist der Hausmeister. Inzwischen haben sich drei Leute vor der verschlossenen Tür angesammelt und warten auf Einlass. Dazu fühle ich mich nicht befugt und hebe bedauernd die Schultern, eine davon rächt sich sofort. Aber die Leute wissen sich zu beschäftigen, indem sie ihre elektronischen Spielzeuge aus den Taschen holen.

Jetzt aber. Alle Türen öffnen sich, weiß gekleidete Mädchen und Männer bevölkern Flure und Rezeption.

Ich bin dran. Der Hausmeister entpuppt sich als mein Doktor. Sympathisch. Das erste Ergebnis auf dem Monitor ergibt Schleimbeutelentzündung und Muskelriss. Zur Sicherheit soll noch geröntgt werden. Dazu gehört Warten, und während ich auf meinen Aufruf warte, studiere ich die Aufschriften auf den Türen. Auf einer steht „Gipsen", ich sehe mich schon mit eingegipster Schulter meinen Alltag schultern. Ärzte und Personal pendeln zwischen Türen und Gängen, und ich frage mich, wann wurden die Kittel abgeschafft und ob der Begriff „Fachärsche" wohl damit zu tun hat? Als Sitzender wird man ständig mit Gesäßen in zu engen Hosen konfrontiert. Bin ich nicht mehr normal, frage ich mich, wenn ich mir die Frage stelle, die eigentlich laut geäußert werden müsste. Wie viel vorteilhafter würde manch einer darin aussehen, und mir kommt die etwas anzügliche Äußerung unseres Ministers in den Sinn, der tagelang von sich reden machte und ganz alte Hüte aktuell werden ließ. Jetzt bin ich wieder dran und nach dem Röntgen erläutert mir der Hausmeister die Bilder. Operation wäre möglich, aber nicht ratsam. Cortison würde vorübergehend Linderung bringen, auf die Dauer aber schädigen. Ansonsten normaler Verschleiß „wie wir alle", sagt er netterweise. Es gilt also, die Schwerter aufrecht zu halten, im wahrsten Sinne des Wortes sich „behandeln" zu lassen. „Es wird schon wieder."

Der Mensch muss sich nur zu helfen wissen, wussten schon die Alten, und deshalb handle ich fortan mit links.

Auf dem Nachhauseweg kehren meine Lebensgeister wieder, und ich mache einen großen Umweg durch den Park, kaufe wunderbares Brot und versuche mich an den Vers zu erinnern, der ungefähr so geht, dass, wenn man das Zauberwort findet, auch das Herz wieder zu singen beginnt. Ich muss es verloren haben.

Jetzt erstmal nach Hause und gekocht. In den Nachrichten immer noch Pferdefleisch. Das gab es schon vor hundert Jahren, und ich suche die Stelle in den Tagebüchern von Viktor Klemperer. Am 20. Januar 1919 notiert er: „... Das Mittagbrot habe ich mir zugunsten eines reichlichen Frühstücks abgewöhnt; mein neuestes nutrimentum ist Eselsleberwurst, das Pfund zu vier Mark; heute vertraut mir die Verkäuferin an, dass der Esel ein Pferd sei; schmeckt köstlich und kostet nur vier Mark, während Kaninchenwurst zwölf Mark kostet." Das waren damals Notzeiten und entschuldbar. Wer weiß, was außer Pferd noch in unserer Wurst ist.

Um halb zwei Telefon: „Machst einen Kaffee?" Klar, mache ich, „bring von unterwegs ein Stück Kuchen mit. Wo bist du?" „Unten, ich stehe vorm Haus." Also Käsebrot. Danach großer Gang am Jadebusen und im alten Kurhaus in Dangast Pott Kaffee und Rhabarberkuchen. Nebel überm Watt, wunderschön. Pferdefleisch? Ich habe einen Vers gemacht und sage ihn auf:

Irrtum

Du denkst, hast Tafelspitz genossen,
es war ein Stück vom alten Zossen.
Und die Moral von der Geschicht?
Vergiss das Selber-Kochen nicht.

Wir lachen, und fast habe ich meine kranke Schulter vergessen. Ganz zufrieden werde ich abends noch meine kranke Freundin anrufen und hören, was sie sagt. Sie muss liegen, und ihre Abwechslung besteht überwiegend im Programm des Fernsehens. „Den ganzen Tag geht es um die Pferdefleischgeschichte, und was gibt es hier zu Mittag? Klopse", sagt sie. Ich sage ihr meinen Vers auf und wir lachen.
    Was für Zeiten. Irre. Kauft Gemüse, Leute, kocht wieder selbst, die einfachsten Gerichte, frisch zubereitet, sind so viel gesünder und besser als jede Lasagne, und wenn es unbedingt Pasta sein muss, etwas Gorgonzola untermischen, oder Tomatenmark und gutes Öl. Köstlich. Irgendwas ist uns verloren gegangen, aber was? Ins Bett mit Viktor Klemperer. Wenn man wissen will, wie gut es uns geht, muss man auf ihn zurückgreifen. Auf die Knie und gedankt.

Meine Geburtstagspost zum 83.
besteht aus Glückwünschen
vom Apotheker,
Hörakustiker,
vom Optiker
und meiner Doktorin.
Zwei Angehörige
melden sich per Telefon
und aus Bayern kommt
die schönste Karte, die es gibt.
Alle anderen deckt der kühle Rasen.

Alle bestätigen mir,
wie „fit" ich (noch) bin,
unterschwellig aber,
wie lange noch.
Statt zu verzweifeln,
wundere ich mich,
„dass ich so fröhlich bin".

Spruch des Tages
„Wer im Alter noch lacht,
macht sich bei seinen Erben unbeliebt."
Onassis

Das Spiel

Ich spiele das Spiel
der Spiele mit.
Das spielen viele:
doppelt sein.
Längst begriffen,
das Richtige im falschen
oder Falsches im richtigen Leben?
Wer weiß das schon.

Wie klug mancher war,
merkt man erst,
wenn er nicht mehr da.
Tilsiterin:
„Den Menschen, mit denen du es zu tun hast,
konnte nichts Besseres passieren,
als dass du allein lebst."
Sie konnte es nicht.

„Fasse Dich kurz"

Fasse dich kurz,
stand damals
an der Zelle des Münzfernsprechers,
vor der eine Warteschlange
das ohnehin erwartete.
Die Zahl der aufgereihten Münzen
verschwand schneller im Schlitz,
als Worte gewechselt
werden konnten.

Heute Flaterate:
Stundenlang, von Sofa zu Sofa,
kann sich ausgetauscht werden.
Ob mehr dabei rauskommt?

Spruch des Tages NWZ (15. Mai 2014)

„Ein guter Anfang braucht Begeisterung,
ein gutes Ende Disziplin."

Tolle Tour
durch die Natur,
aber nur Natur
ist gegen die (menschliche) Natur.

Station 41

Mitten in dem Leben sind
wir vom Tod umfangen.
Hier Station 41, auch
Palliativstation genannt,
ist es umgekehrt:
im Tode vom Leben umfangen.
Offene Türen,
einfühlsames Personal.
Mein Fall,
seit Jahren den Tod sich wünschend,
kann sich nicht ergeben.
Die alte Garde eben.
Jeden Tag bin ich hier.
Wie wird es mit mir?
Wer weiß das schon,
wann die letzte Stunde sein wird.
Hier aber
wäre man gut aufgehoben.

„Die alte Garde stirbt
und ergibt sich nicht."

Sterbebegleitung

Wie oft schon versucht,
das Leben schmackhaft
zu machen.

Wenn's aber an Geschmack fehlt,
ist „alles vergebens,
solange das Lämpchen noch glüht".

Als ich komme (nach Hilferuf „ich sterbe heute"),
sehe ich den Zettel
auf dem Küchenschrank:

„1 schwarzer Stift, Kaffee, Gebäck,
Butter, Honig, Brot, Brot".
Soll ich besorgen.

Die leere Flasche, unten im Schrank,
ersetze ich durch eine volle,
und die Schachtel Lord auch.

Tu still dein Werk
und gib der Welt allein von deinem Frieden ...
So macht man das.
So geht das seit Jahren,
und manchmal frage ich mich,
wer hier nicht mehr ganz frisch ist.

Was ich für die anderen bin

Ein armer Schlucker,
eine Säuferin,
ein Kind,
das sich bei ihnen
lungernd
um den reich bestückten Tisch trieb.
Undsoweiterundsofort.
Legenden.
Wie es sich wirklich verhält,
wissen wir nicht mehr.
Schlecht in Mathe,
minus mal minus ergibt plus.
Wieso eigentlich?

Bis heute nicht verstanden,
ich, die vielleicht
den Schwebenden ahnend begreift.

Die stillen Helden

Den Wert mancher Menschen
begreift man erst,
wenn sie nicht mehr da sind.
Die stillen Helden eben.

Weltmeisterin

Das eigentliche Weltgeschehen
geht unter im Jubeln.
Toll!
Wie hielten wir das nur aus,
vierundzwanzig Jahre ohne Pokal?

Wenn man nur kein Trauma hätte
und bei dieser Massenhysterie
nicht an „Wollt Ihr den totalen Krieg"
denken müsste.

Und liegt es an der modernen Bildtechnik,
dass die aufgerissenen Münder
mich an die erinnern, die im Heim
nichts mehr zum Jubeln haben?

Warum, mein Gott nochmal,
kannst du nicht feiern,
frage ich mich.

Immerhin, die kleine schwarz-rot-goldne Fahne,
unterwegs im Dreck gefunden,
weht auf dem Balkon der Weltmeisterin.

Risiko

Stellte mein Rad
heute an anderer Stelle ab,
als ich das mit dem Weidenkorb sah.

Zu riskant,
das bisschen Sonne im Gemüt
zu verlieren.

11. August 2014

Was für Tage,
die mir gegönnt!
Begreifen, dass
die Wichtigkeit
der Welt
für mich
ganz unwichtig ist.
Sogar schädlich.

Lust auf Leute

Vormittags im Städtchen.
Warum?
Zu viel Einsamkeit.
Mal Menschen sehen.
Zurück.
Und?
Jede Figur ein Kunstwerk.

Die 85-Jährige
teilt immer noch die Lust
mit der Fünfjährigen,
die sie mal war,
sich in den frisch gefallenen Schnee
zu legen
und einen Engel zu machen.

Ich bin eine Dichterin!
Nur hat das niemand begriffen.
Das nennt man begriffsstutzig.

Störfaktor, ich

Mir ist so nach Menschen.
Wo sind meine?
Mir ist so nach sprechen.

Blick auf die Uhr:
jetzt geht's bei keinem,
den ich kenne.

Alle haben ihre Zeiten,
die es gilt, einzuhalten.
„Sprechen Sie nach dem Piepton."
Himmelfahrt 12.15 Uhr

„Du erwartest zu viel"

Generationenverträge:
Generationenprobleme.
Spezifisch meine:
Schon die nächste Generation
scheint erst durch starke Emotion
noch erreichbar, oder auch nicht?
Was ich mir wünsche und denke
(ganz ohne Geschenke):
in e c h t e m Dialog
mit ihnen zu sein.
Ist das denn wirklich zu viel verlangt?

Anonymos im Turm

Mir zu Füßen,
60 Zentimeter hinter der Wand,
liegt Mister Unbekannt.
Ob er schläft?
2,50 Meter über mir
steht auch kein Name an der Tür,
geschweige denn 2,50 Meter tiefer.
Fünf Schläfer auf jeder Etage,
8 mal übereinandergestapelt.
Lebensläufe „en bloc",
unter-, über- und nebeneinander geschichtet.
Wenn das Röntgenauge
die Asbestplatten durchleuchten würde,
sähe man uns liegen
wie Sardinen in der Büchse.

Etwas stimmt da nicht

Wenn alle Menschen gleich,
warum bekommen sie dann nicht
auch die gleiche Summe bei
der Rentenerhöhung,
statt prozentual bedacht zu werden.
So werden die kleinen Scherenschnitte
untereinander ebenfalls immer größer.
Protest!

Warum denke ich,
dass Beerdigung ist,
wenn bei offener Balkontür
die Glocken der nahen Kirche
zu hören sind?
Es könnte doch auch Hochzeit
oder Taufe sein.

Gott sei Dank
für das Geld auf der Bank.
Aber erstmal können,
sich was davon zu gönnen.
Sich!

Was die Kriegskinder
noch schnell lernen sollten.

Reiß dich am Riemen,
auch wenn man es besser weiß,
sollte Besserwisserei unterbleiben.

Ist das das Gleiche

Das Unwort des Jahres lautet
Lügenpresse.
Vorgestern gehört,
heute schon vergessen.
Ich frage mich,
passiert nur mir das?
Nachgefragt:
A auch gehört und vergessen.
B ebenfalls.
Nehme mir vor, jeden, den ich im Haus treffe,
danach zu fragen.
Ein Anfang wäre gemacht
zwischen den Generationen im Lift,
anstatt sich stumm in eine Ecke zu drücken.
Kommunikation! Freue mich schon darauf.
Anruf aus Schweden (Tochter).
Ich als Erstes: Wie heißt das Unwort des Jahres?
Keine Ahnung. Gehört ja, aber vergessen.
Während des Gesprächs, kaum ein Minute:
„Lügenpresse." Gegoogelt.
Schade, viele verpasste Gelegenheiten,
um in Kontakt zu kommen.
Ich rufe A an und kläre sie auf.
„Kannst ja trotzdem fragen",
sagt sie. Ist das das Gleiche?
Das wäre noch eine Frage,
um in Kontakt zu kommen,
nicht wahr?

Gedrucktes aus der NWZ, das mir nicht aus dem Kopf gehen will

Eine Million Deutsche
leiden an einem Virus:
„Internetsucht" genannt
und wird als Krankeit anerkannt.

Noch:
Deutsche würden nach einem Lottogewinn
weiterarbeiten.
Beruhigend, denke ich, es zeigt,
wie gut es uns geht, oder auch nicht.

Noch:
Mindestens acht Babyleichen
wurden in einem Haus gefunden.
Eine 45-jährige Frau wird gesucht,
die dort gewohnt hat.

Sucht man uns
Frauen, die permanent Angst
vor ungewollten Schwangerschaften hatten,
die im zwanzigsten Jahrhundert lebten,
als man „the Pill" (Böll)
noch nicht kannte?

am 14. November 2015

„Unfassbar" heißt es.
Für diese Frau ist alles fassbar,
und diejenigen,
die etwas nicht fassen können,
zählen nicht.

Der Ehemann, befragt, weiß von nichts.

Zeitgenosse Friedrich Nowottny,
befragt nach dem Gesammelten
aus seinem interessanten Leben:
„Alles weg, alles kommt weg."
Schade, das hätte ich gern gelesen.

Erfüllter Tag,
mir vorgemacht?
Ich weiß es nicht

Wahlfreiheit

Wenn auf allen Kanälen nur ein Thema ist,
kann davon keine Rede mehr sein.
Ist irgendwo etwas passiert,
auch wen's nicht interessiert,
du hast keine Wahl.
So ist es nun mal.
Und jeder gibt sein „Statement ab",
sprechen schon vom Grab,
auch wenn „der Fuß noch zuckt".
Süchtig schon nach Neuem.
Sie künden einen Blizzard an,
es könnt nicht schlimmer kommen!
Am Tag danach,
wie sah er aus?
Der Berg gebar 'ne Maus.

Komisch

Telefonblockade bei Nummern,
die mir die nächsten sind.
Dagegen Geschwätzigkeit
bei mir eigentlich fremden Nummern.

Das Familienskelett

Niemals gibt es Ruh,
es spukt immerzu,
das Familienskelett,
das man mit sich schleppt
durch's
ganze Leben.

Häng es endlich auf
und denke:
Gefahr erkannt,
Gefahr gebannt. Endlich.

Äpfel,
die nicht der Norm entsprechen,
werden preiswerter verkauft.
Schade,
dass es mit uns anders ist.
Wer im Alter aus der Norm fällt,
verursacht mehr Kosten,
die der Steuerzahler
zu tragen hat.
Damit du fit bleibst,
vertilge viel von
den preiswerten Äpfeln.

Tut, tut, ein Auto kommt!

Als Gastgeschenk in der Küche
2 Stiegen Äpfel, altersreif von 2015
1 kg brauner Zucker
200 g Schinkenverschnitt vom Dorfschlachter.
Das war gestern.
Heute bei mir zu Mittag:
gekochte Äpfel mit dem braunen Zucker,
Schinken,
Pellkartoffeln.
Alles auf einem Teller serviert.
Fingerfood.
Nur für Kenner.

21. Januar 2016

Wenn das „Haus Europa"
zusammenbricht,
weil nur ein kleines Zimmer
darin unstabil wird,
kann ja mit den Grundmauern
etwas nicht stimmen.

Wir, die wir zum Denken neigen,
warum denken wir,
dass andere an uns denken sollen,
wenn wir an Gedenktagen
darüber nachdenken,
dass unser gedacht werden sollte.
(Vielleicht mit einem Neujahrsgruß.)
Ist das nur gedankenlos
oder schon tatsächliches Vergessen,
was weniger kränkend wäre.

Wer verstehen will,
muss Verstand haben.

Abgesang

Ist in meinem Abgesang
nicht mehr Melodie,
als meine Overtüre
vermuten ließ?

Meine blaue Stunde
habe ich mittags mit Aperitif,
wenn ich die Zutaten
für mein spartanisches Menue
zusammenstelle.
Ohne Rezept vermenge ich alles
nach Gefühl, und weiß,
es wird schmecken,
und jeden Tag um diese Zeit
überfällt mich die Sehnsucht,
jemanden zu bewirten,
der vielleicht den gleichen Geschmack hat.
Der aber ist, wie ich weiß, verschieden
und über den lässt sich nicht streiten.

Eine Gedenkfeier jagt die andere:
Erster Weltkrieg, Zweiter Weltkrieg,
alles Vaterländische hoch drei.
Sind wir so abgebrüht,
dass wir über all dem Feiern
die Gegenwart unterschätzen,
nur weil die Völker
„… weit hinten (in der Türkei)
aufeinanderschlagen"?

Goethe

Rote Nullen

Ich kenne meine Schäbigkeiten.
Bin bestrebt, sie auszugleichen.
Doch ohne sie,
schaffe ich es nie,
selbst wenn graue Theorie
in Praxis umgesetzt,
bleiben unterm Strich
rote Nullen!
Ich begreife, dass alles zusammenhängt
und ich mittendrin.
„Mach, dass jeder bessre Sinn
mir zum Dienst erbötig."
Nun mach schon.

Daniel

Heute rief mich mein
Zehn-Sterne-Koch an:
„Was gibt's bei dir heute?"
„Pellkartoffeln und Speck."
„Perfekt", sagt er, „das passt zusammen."

Ich liebe immer noch,
vielleicht sogar verstärkt,
den unverfälschten Geschmack
unserer Naturprodukte.
Kartoffeln esse ich
wie andere Konfekt.

Übrigens, man isst sie aus der Hand.

Nur noch das machen,
was du willst.
Was willst du denn?
Ja, wenn du das wüsstest!

Im Regen zum Klinikum.
Siehe da, meine Todeskandidatin
hat klaren Blick
und ich auch.
Statt sich auf den Tod auszurichten,
erstmal im Leben einrichten.
Statt Gesülze, Realität,
künde ich dort.
Sie: „Meine Verdrängung war auch Feigheit."
Klar doch, kenne ich.
Ich, die sich klar zum Leben bekennt
bis in die letzte Minute.
Die Bettnachbarin, ganz schwerer Fall:
„Sie möchte ich auch an meiner Seite haben.
Gehen Sie noch nicht, wir werden traurig sein."
Ich bleibe.
Im Regen heim. Im Radio Presseclub.
Wie klug sie alle sind!

Ich dusche,
ziehe meine echten Sneakers an,
braun mit Bommeln,
den kniekurzen Seidenkordrock, grün,
mache aus Resten eine Köstlichkeit
und spiele das fröhliche Einbein.
10. Mai 2014

Irrsinnige Zeit

Ich wundere mich,
dass wir früher überleben konnten:
ohne Kartensystem, ohne Sonderangebote,
Punkte, Telefon, Radio, Fernsehen, Autos,
nicht mal ein Fahrrad hatte jeder.
Kein Konto,
Lohn am Freitag bar auf den Tisch,
später in der Tüte
mit schmalem Lohnstreifen.
Ofenheizung, keine Waschmaschine,
keinen Staubsauger.
Gute alte Zeit?
Na, ich weiß nicht recht.
Erkenne die Lage!

„Immer am Orte des Geschehens",
sagt Rita
zur Schulfreundin Monika,
die aus der Tür des Standesamtes
als Frau Möhle tritt.
Anteilnahme ist nicht gleich Neugier.

Der Heilpraktiker

Ein Jahr dauert's,
bis der Arm so wird,
wie er war.

Die Patientin:
Mit 90 bin ich dann fit.

Er:
Dann stramm
auf die Hundert zu.

Sie, nach Überlegung:
Ja, warum eigentlich nicht.

Besuchszeit

Am meisten lerne ich
von den scheinbar Dementen
und Gestörten.
„Ich kann meine Gedanken
heute nicht disziplinieren",
sagt Frau A., als ich ins Heim komme.
„Bitte haben Sie Verständnis."

Anderes Heim, anderer Besuch.
Meine Fünfundneunzigjährige
empfängt mich Ton-in-Ton gekleidet,
das volle Haar schön frisiert,
zusammengesackt im Rollstuhl.
„Sie sind eine schöne alte Frau",
begrüße ich sie.
„War ich doch immer schon",
sagt sie und bringt sich in Position.
„Können Sie mir bitte sagen,
warum ich hier bin?"
Mit wachen Augen sieht sie mich an
und fügt hinzu:
„Ich bedauere mich nicht,
aber ich beneide mich auch nicht."

„Hallo", sage ich zu dem Gestörten,
der qualmend wie eine Lokomotive
mit seinem Hund an der Leine
an mir vorüber zieht.
Hinter jedem Ohr Nachschub deponiert.
„Guten Morgen", grummelt er
zur anderen Seite hin.
„Wie wahr", rufe ich ihm nach,
denn er hat Tempo drauf,
„hört sich ja auch viel kultivierter an."
„Genau", wirft er paffend
über die Schulter zurück
und hebt die freie Hand zum Gruß.

Das letzte Stückchen Brot

Ich kann es nicht lassen,
immer wieder suche ich
nach dem letzten Bissen
von der Scheibe Brot,
die ich mir zwischendurch schmierte
und in meiner Flüchtigkeit schon verdrückt habe.
Das Brett ist leer
und etwas wie Leere bleibt zurück.
Da hilft auch kein neues Brotschmieren.
Vielleicht ist es aber gerade das,
was mir fehlt,
das Suchen danach.

1

Ich hau noch
   bisschen ab,
denn bald
   geht's ins Grab,
mag noch gar nicht
   daran denken!

Möge Er (Es) mir
   Zeit noch schenken,
mir, der Unterzeichnenden
   Christel ...

17. August 9.00 Uhr

2 Zurück

Zurück im Glück
des einfachen Lebens,
wie wunderbar.
Äpfel mitgebracht,
Ideen ohne Ende.
So viele, dass ich
beim Einfachsten bleibe:
   Himmel und Erde

11.30 Uhr

„Doch die Verhältnisse, die sind nicht so"
B.B.

Geht das überhaupt,
das alte Ich abheften
und eine neue Akte anlegen?
Ich glaube kaum,
dazu müsste man nochmal
in anderen Verhältnissen
auf die Welt kommen.

Aber, es ist, wie es ist,
sagt der Nachbar,
es könnte schlimmer sein,
aber auch besser.

Aufrecht zu stehen
und Fantasie zu haben,
rät der 80-jährige
japanische Nobelpreisträger
den jungen Leuten.
„Das Einzige, was ich von ihnen erwarte."
Gut in Notzeiten, auf Wahlverwandtschaft
zurückgreifen zu können.

Und wieder die alte Platte,
schlimmer noch,
sie spult zurück,
nachdem sie ausgiebig
im alten Sprung festhakte.

Statt mit einem Sprung
sich daraus zu retten,
hänge ich fest.
Eine Krankheit ist das,
erkannt,
und doch so schwer,
sich davon zu befreien.

Gestern schnitt ich mich,
der Schmerz
zog alle Aufmerksamkeit
auf sich, und ich begreife,
warum es Selbstverletzungen
geben kann.

Kriegsgeneration

Die Kontoauszüge
belegen,
dass die Rücklagen
für Notzeiten
aller Voraussetzung nach
nach dem Tode
fällig werden.

Mensch,
fass dir an den Kopf
und versuche erstmal
zu leben!

29. Juni 2015

Auffallend auf den Friedhöfen
die vielen leeren Flächen.
Steine und Kreuze werden
nach dem Verfallsdatum
abgeräumt.

Vermehrt tauchen Letztere
an Land- und Bundesstraßen auf.
Heute bei Maik (1991–2010)
vom Rad gestiegen.
Blumen, auf einem Herz aus Stein
steht „Unvergessen", ein Grablicht.
Er wäre heute 24 geworden.

Ist es wahr, dass der Tod
schon bei der Geburt feststeht?

24. Dezember 2014

Frühstück um sieben, trockenes Brot bei genügend Vorräten, die auch nicht gerade festlich scheinen. Gestern nochmal zur Ärztin wegen Spritze. Wer weiß, wozu das gut ist, dass ich „gestern noch auf stolzen Rossen, heut' schon in die Brust geschossen" (und noch direkt vor der Apotheke) wurde, Neumeyer nicht da, Vertretung Frau Dr. Hase jung: „Darf ich fragen, wie alt Sie sind?" „84", sage ich nach kurzem Zögern (Sonst habe ich mir angewöhnt, „Im 85." zu sagen, wenn jemand so dämlich fragt. Dabei, ehrlich gesagt, gehör ich auch leicht zu solchen Leuten). Erstaunt: „Sie haben sich aber gut gehalten." Blöd, genau das ist es, was einen alt macht. Sonst denke ich gar nicht darüber nach. Heute fällt mir dazu ein: „Mein Name ist Hase, ich weiß von nichts." War aber nett, nahm mir ein weißes Haar von dem neuen blauen Pullover und strich mir über die Schulter.

„Paket für Sie", haucht's durch die Sprechanlage. *Die Freude meines Alters* vielleicht doch noch? Es überlegt blitzschnell in mir, wem ich vielleicht noch eine Weihnachtsüberraschung in den Briefkasten stecken soll?! Es ist aber die vegetarische Brühe, die Zannut. Vier Dosen für 200 Liter Suppe. Braucht der Mensch. Eine schon verschenkt.

Das Buch gehört zu den vielen Anläufen in meinem Leben, das kein Resultat erzielt. So ist überhaupt mit meiner Schreiberei wenig Resultat erzielt worden. Vielleicht muss das ja auch gar nicht sein. Hier war auch der Weg das Ziel. Immer wenn ich in Not oder im Glück war, muss ich mich mitteilen. Aber nein. Da ist und war ja niemand, bis auf das leere Blatt. Legte ich's beschrieben fort, habe ich's auch schon vergessen. Der lange Weg brachte Freundschaften zum Verstummen, diejenigen, die hielten, haben's nicht gelesen, weil sie ohnehin keine Leser sind. Kein einziges Exemplar mehr in meinem Besitz. Von den *Weißen Schatten* noch ca. 25, 75 von 100 verscheuert. Gestern bekam die Haus-Putzfrau noch eins in ihre Weihnachtstüte. „Haben Sie das geschrieben? Ich hörte Sie oft auf der Maschine schreiben, wenn ich das Treppenhaus machte. Dass das heute noch jemand macht." Schien sich zu freuen, anscheinend. Vielleicht liegt das an ihrem Namen „Mann".

Da habe ich auch einen Fehler gemacht. Die erste Ausgabe war gerade richtig im Umfang. Nicht zu dick, richtiges Format für kurze Texte. Die Erweiterung hätte gesondert rauskommen müssen. Sie verdoppelte ja fast den ganzen Umfang, und wer kauft sich das Buch mit gleichem Titel nochmal, auch wenn neue Geschichten hinzugekommen sind? Neuer Titel, ohne Hinweis auf das ewig Ostpreußische in meiner Biographie.

Einmal hat man ja „ausgeplaudert" und es geht an die eigentliche Substanz, man kann und will ja auch gar nicht zu den ewig Gestrigen zählen, obwohl's neu dir leider immer noch anhängt. Aber nichts von „Vertellchen". Gerade davor galt's sich frei zu machen. Im Nachhinein wird ja alles zur Legende. Erst im Alter begreife ich, dass alles anders war, und beim Entwickeln meines Lebensfilmes war das meiste so fürchterlich, dass ich heute staune, nicht im Gefängnis gelandet zu sein. Und manchmal wünschte ich's mir sogar, dann hätte man endlich Ruhe gehabt. Also das ganze Leben Anläufe ohne Resultat? Zu spät, andere Wege zu gehen. Sich besinnen, den Rest versuchen, konzentrierter zu gestalten. Als ob's noch konzentrierter ginge. Nicht mehr so larmoyant sein.

Vielleicht ganz gut, der Hexenschuss. Das Beste aus allem machen, auch mit Hexenschuss.

Was gehen mich die alten Weiber an. Bin doch selber eins. Kommt's darauf an, dass ich jeden Tag noch 40 Kilometer mach mit dem Rad? Kommt's darauf an, sich immer noch einzubringen, sich wichtig zu machen. Lieber sollten wir versuchen, die Kilometer im Kopf und Herz umzusetzen. Und immer noch der Wunsch da, mit anderen Menschen kommunizieren zu wollen, die längst schon nicht mehr erreichbar sind.
Irgendein kluger Mensch hat gesagt: Entwicklung ist immer fertig, aber nie zu Ende. Das gilt auch für mich und meine Notizen.

Rückenwind

Die besten Geschenke, las ich,
macht man sich selbst.
Gemacht.
Gestern kam:
Ich bin die Freude meines Alters.
War niemals auf Hawaii,
und die Aida
schwamm an mir vorbei.
(Warnemünde)
Kein Kapitänsdinner,
kein Flöt Flöt,
kein langer Rock,
keine Hochsteckfrisur,
ein einfacher Mensch in der Natur
segelst du mit dem Wind
und wirst vom Proleten
zum Poeten.
Ist das nichts?

Der springende Punkt ist Freude

Mein Buch ist angekommen
Ich bin die Freude meines Alters.
Ich finde es wunderbar,
brauche Bestätigung
wie Hans Albers, der,
als sein erstes Lied auf Schallplatte erscheint,
davon so entzückt ist,
dass er nur noch mit Koffergrammophon
bei seinen Freunden aufkreuzt.
Weil es immer dieselbe Clique ist,
kann man sich den Rest denken.
So ich mit meiner Freude,
die nicht die der anderen sein kann,
weil jeder sein eigenes Lied
spielen und hören will:
Das Lied von der Eitelkeit der Welt!
Also keine Chance.
Hans, wir müssen umdenken!

Ein Mitbewohner?

In meinen knapp 40 Quadratmetern
müssen irgendwelche Wesen nachts
ihr Unwesen treiben.

Woher stammen sonst die Krümel
in Ecken und Schubladen?
Aus den festgetretenen Käserinden
in der Küche
lässt sich auch kein Reim machen.

Flatrate

Die modernen Möglichkeiten
der Kommunikation nütze ich nicht,
weil ich sie nicht zu benutzen verstehe,
auch bezahlen könnte ich sie,
es hat noch einen anderen Grund:
Zeitverlust!
Zeit, mit der so verschwenderisch
umgegangen wird.

„Steigerung der Lebenskraft
durch Begrenzung"
Ludwig Hohl, Schweizer Philosoph

G. G.

Vonne Endlichkeit
heißt sein letztes Werk.
Ob ich es kaufe?
Seine früheren verstehe ich nicht,
seine Plastiken schon,
und seine Vorliebe für Innereien
und Plattfische,
vorzugsweise Butt mit viel Dill,
teile ich.
In der kaschubischen Unendlichkeit
werden wir uns austauschen,
Germans Günter Grass (Max Frisch)
und eine vom Stamme Priedigkeit.

Mein zweites Ich

Notgedrungen
musste ich mir einen Zwilling erschaffen,
der zuhört,
der nicht beleidigt reagiert,
wenn ich ihm Kattun gebe,
der versteht
und begreift,
warum alles so ist, wie es ist.
Manches könnte besser sein, sage ich,
aber auch schlechter, meint er.

Und schon ist man „weg vom Fenster"

08841/----
keiner geht ran.
Am vierten Tag höre ich:
Oberschenkelhalsbruch!
Man muss kein Autofahrer sein,
auch fliegende Gedanken
reichen aus,
um seinen Schutzengel zu überholen,
und schon bist du weg vom Fenster
und wirst in die Wirklichkeit gezwungen.

Wir Flüchtlinge

Etwas nuschelnd – vielleicht fehlt ihm die Pfeife –
liest der Nobelpreisträger
in Stockholm seinen Text,

den er „Fortsetzung folgt" nennt
und in dem er erklärt,
warum er mit dem Schreiben begann.

Es galt Lücken zu füllen
im Leben des Dichters.
Vertraute Menschen waren plötzlich nicht mehr da.

Als Bausteine dienten ihm Worte.
Sein liebster Stein, höre ich,
ist der des Sisyphos.

Der macht sein Leben aus,
den soll man ihm lassen,
ihn braucht er, der gehört zu ihm,

dem Flüchtling Günter Grass.
Kaum kann er sich von dem Thema lösen,
er scheint den Stein im Munde zu wälzen.

Flüchtlinge sind wir, jeder hat seinen Stein!
Es gilt zu lernen,
mit ihm zu leben, als Gewinn.

6. Dezember 1999

„Warum sollten wir jetzt verzagt sein",
höre ich unsere Bundeskanzlerin Merkel
im Radio sagen.
Eine wunderbare Aussage,
finde ich,
und suche Bestätigung.
Sobald der Name Merkel fällt,
kommt:
„Die kann ich nicht leiden",
und anstelle obigen Satzes
ist vom schlecht sitzenden Blazer
die Rede.
Vielleicht lernen wir differenzierter
zu denken,
wenn wir mehr Radio hören würden?

Für mein bestes Stück

Auf ihrem neuen Telefon
erkennt A. beim Läuten
an der Nummer,
die auf dem Display erscheint,
wer sie zu sprechen wünscht.
Bin ich jetzt da oder nicht,
stellt sich ihr die Frage.

„Unbekannt" erscheint,
wenn die Freundin anruft.
Nach dem zehnten Anruf
gibt die auf
und schreibt ihr eine Karte:
Wenn einst auf fremdem Sterne
wir aneinander sind vorbeigerannt,
ruf ich dich an:
ich hatt' dich gerne
ich war die Tulle „Unbekannt".

Apfel-Kürbis-Herbst – meine Zeit

„Hol uns raus, hol uns raus,
wir sind schon lange reif ...",
heißt es im Märchen von der Gold- und
                              der Pechmarie.
Wenn ich sie rufen höre,
zwingt es mich vom Rad
und ich hole sie raus, die Äpfel,
aus dem Graben, hinter der Hecke,
aus dem Gras, den welken Blättern ...
Zwar entsprechen sie nicht der Norm,
aber sie sind unverfälscht und göttlich.
Gefühlte Gewichte? Zentner!
Ich verteile, verarbeite, „veredle",
bringe Kuchen statt Trinkgeld,
immer frisch und noch fast warm.
Immer willkommen, es schafft Nähe,
in einer Zeit, die so vereinzelt.

Apfel-Kürbis-Herbst – meine Zeit.
Und Kartoffeln natürlich,
die esse ich wie andere Konfekt
und am besten aus der Hand.
Es bedarf nur der Freude daran,
der Fantasie sollte man keine Grenze setzen,
es kostet alles ganz wenig,
und sollte wieder eingeführt werden:
das zu verrichten, worüber wir uns auch
mal mokierten: dass

eigener Herd Goldes wert ist.
Stimmt, und wenn man sich noch dazu
bewegt, keine Sorge um die schlanke Linie,
man hält sich fit und
wenn man die Augen aufhält
beim mit dem Rad über Land fahren,
kann man eine Menge finden.
Mir schwebt manchmal vor,
ein Kochbuch zu schreiben,
alle Gerichte unter zwei Euro.

Morgendliche Feststellung im Bett
kurz vor dem Aufstehen:
Eine Schulter tut mir weh,
vom rechten Fuß der Mittelzeh,
das linke Knie scheint auch verdreht,
na, wenn das so weiter geht,
am besten, ich bleib liegen.
Sei denn, man könnte fliegen!

Zum Glück muss man geboren sein, Esther

Aber das bin ja ich,
an einem Sonntag geboren,
und doch sooo unglücklich als Kind.
In Esther, von allen geliebt, mehr geht nicht,
erlebe ich, was Geborgenheit bedeutet.
In ihr wächst als Reinkarnation
ein Stück von mir heran,
weil ich instinktiv immer wusste,
was es heißt, glücklich zu sein.
Da kann man auch ein Freitagskind sein.
Woher ich das weiß?
Weil es mehr Dinge im
Himmel und auf Erden gibt,
als unsere Schulweisheit sich träumen lässt.

Steht im Zitatenschatz
der Weltliteratur rororo Hamlet

Verpasste Gelegenheit

„Das Herz muss wissen,
wann es da sein soll",
sagt der kleine Prinz,
und deshalb kann ich mich
an eine Flatrate nicht gewöhnen,
weil mein Herz jetzt
SOS funken möchte
und auf Empfang hofft,
wenn ich die gewünschte Nummer wähle,
aber die Leitung ist von der Telefonitis
infiziert.

Sorgenlos

Wenn die Sorge
vor der Vorsorge
nicht so sorgenvoll wäre,
käme es vielleicht gar nicht
zur Nachsorge
und wir wären sorgenfrei?

Vernetzt

In der SZ lese ich zum Thema
Fußballweltmeisterschaft 2014
über die von 1921,
wo einer mitspielte,
Jose Almeida Netto,
„… der schon damals nicht nur die Mitspieler
im Blick hatte, sondern bereit war,
sich weit über das Feld
hinaus vernetzen zu lassen.
Sie nannten ihn Telefone."

Dies lesend, fühle ich mich vernetzt.

„Aus dem Detail leuchtet es."
Ludwig Hohl

Das wussten schon die Alten

Für meine Gäste
servierte ich das Beste (meiner Meinung nach),
doch leider,
es fehlte an Gewürzen.
Während ich für den
Erhalt des Eigengeschmacks plädiere.
Nicht ich fühle mich geschmacklos.

Dudderkeile

Wir hatten auch eine „Poggenwiese",
am Grumpelgraben,
wo die Dudderkeile standen,
die Lilien, das Schleh- und Feuerkraut,
Sauerampfer, Margariten und Kamille wuchsen.
Blaue Libellen standen über dem braunen Wasser
und bunte Schmetterlinge
taumelten über die Wiese.
Frösche hielten ihr Konzert,
ebenso die Grillen.
Wenn man die grünen Grashüpfer berührte, hinten
machten sie einen Sprung nach vorn.
Trat man barfuß auf die Wiese,
gab es braune Füße.
Jenseits des Grabens erhob sich der Mühlenberg.
Ob sie ihn abgetragen haben?
Ich fand ihn nicht wieder.
Heute saß wahrhaftig draußen an meinem
                              Fensterrahmen
ein grüner Grashüpfer (5. Etage!).
Da fiel mir die Poggenwiese ein
und Elfriede, die sich, wie ich,
im Sommer dort auch braune Füße holte.
das war in Barten, das heute auch Barciany heißt.

18. August

Freudsche Fehlleistung

Statt Tagebuch
notiere ich Fragebuch,
und will korrigieren,
dabei stimmt's
was das Unterbewusstsein
diktierte:
Fragebuch muss es heißen.

Kaffee

Eva machte ihn so:
auf eine Tasse (Tässchen)
kam ein gehäufter Löffel Kaffee,
ein Teelöffel Zucker
je Tasse, eine Tasse Wasser,
zusammen in ein Kupferkännchen
auf ihren Gasherd (viel besser als ein Elektroherd)
dreimal aufwallen lassen,
in die bereitgestellten Tassen gießen
und diese Köstlichkeit genießen.

„Wie zu Hause", sagte meine Nachbarin
aus Kroatien,
die ich zu einer Tasse Kaffee eingeladen habe.

Machst'en Kaffee?

Machst'en Kaffee?
Logo und wann?
In zehn Minuten bin ich da.
Autotelefon.
Wasserkocher aufgestellt,
vier gehäufte Teelöffel für drei Tassen
in den alten Emaillebecher aus Lubljana,
das kochende Wasser aufgießen,
umrühren, abdecken.
Nach einer Minute nochmal rühren,
Türe öffnen,
damit der Duft den hereinkommenden Gast
willkommen heißt,
etwas Sahne in die Tasse,
die vorher heiß ausgespült wird,
eingießen.

Am Schaum sehe ich,
der ist gut.
Der Autofahrer mit den Finessen
aller Kaffeeautomaten
einschließlich Kapseln
vertraut
sagt, hervorragend.

So muss es sein

Es läutet an der Tür,
davor ein junger Mann, dunkler Typ,
gepflegtes Äußeres,
will sich als neuer Nachbar vorstellen.
Ganz neue Töne, denke ich.
„Robert Z.", sagt er. „Nennen Sie mich bitte
　　　　　　　　　　　　　　　　　Robert."
Ich höre, seine Freundin kommt nach.
Robert hieß mein erster Tänzer.
Er kam aus Lettland und wartete
mit anderen Letten und Littauern
in den aufgestellten Baracken
am alten Küstenkanal in Oldenburg
auf sein Ausreisevisum nach Australien.
Nachkriegszeit,
über Flucht und Vertreibung wird nicht
　　　　　　　　　　　　　　gesprochen.
Es wird getanzt.
Ich erzähle meinem neuen Nachbarn,
dass ich einen Tänzer hatte, der auch Robert
　　　　　　　　　　　　　　　　hieß.
Himmlisch tanzte der, sagte ich.
„Das kann ich leider nicht", lacht er.
Kurze Zeit später stellt sich Michelle vor,
die Freundin, mit Lea, einem kleinen Hund.
„Ein Mischling", sagt sie.
Ich: „Das sind die besten."

Ich biete mich an, wenn etwas im Hause
unklar sein sollte,
behilflich zu sein.
Heute treffe ich den Nerv.
Jetzt in meiner Küche ein großes Glas Honig
„von zu Hause". Schöner noch:
„Wir sind so glücklich, dass du hier wohnst."
Brot und Salz brachten wir den neuen Nachbarn,
beim Einzug. Das wird ihnen auch noch fehlen.

„Denn ein Nachbar in der Nähe ist besser
als ein Bruder in der Ferne."
Aus den Sprüchen Salomons, Kapitel 27, Vers 10

Nachbarschaft

Um 12.30 Uhr noch keine Zeitung
Vor der Tür!
Ist was mit dem Lieferanten
Aus der ersten Etage?
Läge die von gestern noch da,
Alarm!
Ist was mit ihr
Hinter der Tür?

Zum Geburtstag als Bettlektüre
Arthur Schopenhauer:
„Man muss nur hübsch alt werden;
dann gibt sich alles."
Gleich zu Beginn
stoße ich auf einen Text über das Lesen.
Es lässt, heißt es da,
eigene Gedanken nicht entstehen,
weil der andere für uns denkt.
Häkeln und Stricken wären geeigneter.
Aber Herr Schopenhauer!
Gott sei Dank, dass es die anderen gibt.
Was hätte ich ohne Bücher gemacht,
was wäre aus mir geworden?
Erst als Leser lernte ich nach-zu-denken.
Allerdings mit unterschiedlichem Erfolg.

Mein großer Zampano
nannte mich immer Tochter Kants.

Es waren zwei Königskinder

Sie brauchen zusammen nicht kommen,
sie haben heut' Internet,
sind auch über'n Fluss nicht geschwommen
man kommt jetzt auch so zurecht.

Über Meere hinweg, Kontinente,
alles „kein Problem".
Sie zeigen einander die Gärten,
auch Kinderchen sind zu sehn.

Fortschritt heißt die Devise!
Klar, ich bin ein Fossil,
doch möchte ich sein wie diese,
so smart, so sexy, so infantil?

Ach, wie ich das alles begreife
im Alter hoch drei.
Lass's sein, wie es sei, mit der Menschheit
um Gottes Willen
schwimme dich frei.

Schade

Wieder durch die Bergstraße,
das Haus Nr. 10 steht leer.
Dennoch läute ich.

Kein Fenster öffnet sich oben,
aus dem der Schlüssel fällt,
mit dem ich unten öffne

und eintrete,
in Räume,
in denen meine Sprache
zu Hause war.

Was hat die da gesagt?

Heute predigte ich
auf meinem Morgenspaziergang
den Kühen, die,
als sie mich sahen,
sofort an den Zaun kamen,
wie gut sie es hätten,
sich am taufrischen Gras
satt weiden könnten,
sich wälzen, und überhaupt
sollten sie froh sein,
einem Bauern zu gehören,
der anscheinend noch Herz hat.
Sogar eine Tränke hat er ihnen spendiert,
an der sie durch Selbstbedienung
so viel saufen könnten.
wie sie wollten.

In der Ferne ist ein Riesenstall zu sehen,
wo der Nachbar *seine* Kühe hält,
die niemals raus dürfen. Nie!
„Seht euch das an",
sage ich zu meinen, „und überlegt,
wie gut ihr das habt."

Gespannt hören sie zu,
nur eine brummt:
„Die haben aber eine drehbare Dusche."
„Na", brumme ich, „dir ist auch nicht zu helfen,
du dumme Kuh", und gehe.
Sie begleiten mich jenseits des Zaunes
bis zum Ende der Weide
und stieren mir noch lange nach.

„Lirum, Larum, Löffelstiel,
alte Weiber essen viel …"

Gestern Stresstag,
Heute Fresstag
und alle Götter stimmen zu.

Esther

Immer geflüchtet,
nicht nur vor „den Russen",
unsere Flucht beginnt
viel früher,
geht über Generationen.

Nun aber erscheint Esther,
laut Bibel
auch jemanden untergeschoben,
und zeigt uns allen,
kaum drei Jahre alt,
wie es geht,

sich frei zu fühlen,
unbeschwert in für sie fremder Sprache
ruft:
„Oma, hier bin ich."
Glückwunsch uns allen
zu diesem Kind.

Rad ab

Morgens den Hang-over,
her mit dem Pullover,
rauf aufs Rad und ab.
So nach zwei drei Stunden
wird die Seele dir gesunden,
dann ein Viertel Vinho Verde
und du begreifst es wieder,
    dieses „Stirb und werde!"

Um den Sommer zu hören,
muss ich die Hörgeräte
aus den Ohren nehmen.
Dann aber:
dieses stille Summen
im flimmernden Heuduft,
dieses Sein im Sein,
kein falsches
im richtigen Leben!

Bevor ich für immer einschlafe,
erstmal aufwachen.
Na, wenn das nicht gut ist.

Solidarität

Vielleicht sollten wir
eine Seniorenresidenz
aus Solidarität in Griechenland gründen.
Sparen können wir Alten auch
und Sonne für unsere alten Knochen
täte ebenfalls gut.
Ob man die Frage ins Internet stellen sollte?

Lieber Brecht als Brentano,
lieber ein Stück guten Schinken,
als zwanzig Rosen aus Afrika.
Lieber fragender Zöllner
als der Weise auf dem Ochsen sein.

„Ich wundre mich, dass ich so fröhlich bin"

Anruf der NWZ, die Fragen an die alte Frau stellt mit Flüchtlingsausweis A nach ihrer Meinung zum heutigen Geschehen und ob diese Flüchtlingsströme, die jetzt zu uns ins Gelobte Land wollen, Erinnerungen wachruft und welcher Art. Na, ich lege gleich los, unvorbereitet wie ich bin, sage ich wahrscheinlich auch Unpassendes. Ich muss durch das heutige Geschehen nicht erst erinnert werden, traumatisiert wie ich bin, hängt mir das alles noch wie ein Klotz am Bein. Von Betreuung keine Spur, und außerdem war es auch noch Winter, der kälteste seit Ewigkeiten, und vor der Flucht in dieser Jahreszeit wird schon in der Bibel gewarnt.

Wir sind so abgebrüht, dass erst ein totes Kind am Strand Emotionen wachruft. „Herz haben sie keines, aber schwache Nerven", heißt es bei Brecht. So sind wir.

Auf unserer Flucht ging mein Bruder Hans verloren, dafür bekam meine Mutter danach einen anderen, der nach ihrem frühen Tod, fünfjährig, mir Gewissensqualen ohne Ende bereitete. Niemals wurde über etwas gesprochen. Ich kann mich auch nicht erinnern, dass die anderen Familienmitglieder erzählten, wie es bei ihnen war, wie kamen sie davon?

Ich wurde mit einem Pappschild zur Bahn geschickt (Hat jemand meinen Bruder Hans ... gesehen? Er ging verloren da und da). Natürlich war das nicht der Fall, aber auf dem Weg nach Hause (Schrägwand, Fenster auf der Erde, um rauszusehen, musste man sich auf den Bauch legen) dachte ich mir etwas aus, um sie zu trösten, jemand hätte Wunderbares zu erzählen gewusst, um so einen Versuch wenigstens zu erzeugen. Nichts ist vergessen. Dass wir davonkamen, verdanken wir meiner Mutter, sie nahm kurzentschlossen, als nur Frauen mit kleinen Kindern auf ein Lazarettschiff durften, einer kinderreichen Frau eins ab, auf den Arm, ich zwischengeschoben und in all dem Trubel gerettet. Danach wochenlang Schiff und Viehwaggonfahrt. Na, das alles hat man schon unzählige Male gehört und selbst erlebt.

Meine Frage ist folgende, wer kann mir die beantworten: Ist das alles Bestimmung? Hat das eine höhere Macht bestimmt? Ist ein junger Mensch, der gerade erst anfängt zu leben, schon fertig mit der Welt? War es so vorgesehen, das Hitler bei der Kunstakademie abgewiesen wurde, weil seine Bilder nicht gut genug für ein Studium waren und er als Einwanderer nach Deutschland kam, und so in die Politik?

Wenn ich die Titel der Fernsehstücke lese, fast täglich Hitler. Hitlers Frauen, Generäle, Soldaten, Marine-Luftwaffe-Admiralität etc. und immer er mit seinen uniformierten Begleitern, da muss man sich doch nicht wundern, dass viele

Schwachköpfe darin auch eine Verherrlichung sehen, wie Walter Jens und Günter Grass auch, die es dann aber vergessen hatten.

Ich will damit sagen, intelligente Leute waren auch erst davon fasziniert. War das nun wirklich alles vorherbestimmt? Das frage ich mich schon seit Ewigkeiten.

Ich war als Kind bereits eine Leserin und fasziniert von Märchen, auch die aus 1001 Nacht. Scheherazade, die ihrem Pascha erzählen muss, damit er sich nicht langweilt, sonst geht es ans Leben. Das kommt mir heute erst in den Sinn, damals fand ich es geheimnisvoll, die verschleierten Frauen in ihren Gemächern, sich putzen, ölen, in Kamelmilch baden. Heute begreifen wir, was da auch noch unterschwellig los ist. Natürlich nicht überall, aber es kommt noch vor, dass Frauen gesteinigt werden, wenn sie der Familie Schande machen, oder die Hand wird abgehackt, wenn man etwas nimmt.

1947 war ich als Vorschülerin in einem evangelischen Kindergarten, eine Diakonieschwester aus Königsberg als Leiterin. Wenn die Kinder mittags schliefen, halfen wir in der Küche beim Abwasch. Wir hatten uns ein Stück trockenes Brot aus dem Steintopf genommen und in die Schürzentasche gesteckt. Es kam raus. Weil das Brot für eine Suppe bestimmt war, aber wir in unserem Hunger konnten einfach nicht widerstehen. Also Hand ab?

Sicherlich rührt es daher, dass ich wenig besitze. Kleine Wohnung, jederzeit aufbruchbereit. Keine halbe Stunde würde das dauern. Man nimmt seine Tasche mit der Patientenverfügung, Geld, Ausweis, auch Flüchtlingsausweis A, und los. Und allein sollte man sich auf den Weg machen. Das haben die uns auch voraus, die von heute, fast alle ohne Gepäck. Wir mit unseren Fuhrwerken und Gespannen, im Winter auf eisglatter Chaussee! Damals große Überlegung: Tür abschließen oder nicht, Büchertasche, ja! Flucht bedeutet auch, etwas im Stich zu lassen, und dieses Stück Leben fehlt mir, dies nicht erlebt zu haben, als dort alles in Scherben fiel, und auf Fragen an die Vertriebenen, die nach uns kamen, keine Antwort möglich. So verstört sind wir, immer noch. Von nirgends Trost und Betreuung.

Oldenburg nahm damals bei 75.000 Einwohnern 40.000 auf. Was damals ging und heute nicht, werde ich gefragt, und warum alles so zögerlich abläuft? Dann denke ich, vielleicht ist unterschwellig die Furcht in unserem dunklen Deutschland (Bundespräsident Gauck), dass uns eine Hand abhanden kommt und wir uns vor dieser Dunkelheit fürchten?

Wir haben in unserem Haus schon den vierten Teil Bewohner, die ausländische Wurzeln haben, da bin ich noch gar nicht mitgezählt, und wir kommen alle gut miteinander aus.

Oldenburg, d. 7. September 2015

Tauchstation

Der 2. Tag des Jahres 2016
lehrt mich,
als Wiederholung vorhergehender Jahreswechsel,
dass sich der Mensch ändern kann,
jeden Tag,
sofern er will.
Ein U-Boot taucht auf,
leicht bemoost, die Luke öffnet sich,
und der Alte,
der seinen Kopf herausstreckt, fragt:
„Hat Kaiser Wilhelm schon abgedankt?"
Keine Antwort?
Also wieder abgetaucht,
nur weil einem die heutige Sichtweise
nicht gefällt?

Das ist auch Geschichte

Wenn ich,
was im Winter manchmal vorkommt,
über den hölzernen Stopfpilz,
die aus Naturfaser bestehende Strumpfhose ziehe,
fällt mir jedes Mal das beleuchtete Stopfei ein,
das Adenauer erfunden hat.
Ich hätte auch drauf kommen müssen,
denn damals zog ich löchrige Kinderstrümpfe,

weil es am Stopfpilz fehlte,
über eine kaputte Glühbirne.
Wie ging das aber mit der Beleuchtung,
fragte und frage ich mich noch heute.
Mit Batterie oder an der Steckdose?
Jedenfalls, das Patent bekam er nie dafür.

Heute lese ich in einem Büchlein über Teppiche:
„Diesen Teppich bekam der Bundeskanzler
als Gastgeschenk vom Schah von Persien",
daneben: „Hofmanufaktur-Teppich, Persien
vollendete typische Arbeit, sehr feine Knüpfung,
212 x 310 cm, neu."
Der Teppich ist abgebildet
und könnte mir auch gefallen.

Märchen aus Tausendundeiner Nacht werden wach:

der Schah in Fantasieuniform, weiß und gold,
an seiner Seite die wunderschöne Soraya,
Traumkleid, Traumhochzeit, der Traum des
                                    Jahrhunderts!
Da blieb kein Fernseher aus.
Die kinderlos bleibende Ehe des Traumpaares
bewegte ganze Nationen, alle litten mit;
und Farah Diba hatte es schwer,
die Herzen zu gewinnen.

Erst als die Pfauen-Thronfolge
durch drei geschenkte Söhne gesichert wurde,
Friede, Freude, Eierkuchen.
Aufregend, die ganzen Geschichten.
Was blieb überhaupt von dieser Wunderwelt,
deren große Häupter, mit oder ohne Zelt,
empfangen wurden, hier bei uns?

Man müsste Ali Baba sein mit seiner Wunderlampe,
um das alles richtig ausleuchten zu können.
Wo ist das alles hin?
Wo sind die traumhaften orientalischen Wunder
                                                geblieben?
Sie endeten in Fluchten, in Erdlöchern,
in Gefängnissen.
Traumstädte werden zu Trümmerstätten –
aus der Traum.

Das Loch ist gestopft.
Schluss mit den Gedanken,
den Rest kennen wir.
Den hölzernen Pilz in den Korb.
Aber eine Frage sei noch erlaubt:
Wo ist der Teppich geblieben?
Außerdem wird in dem Buch darauf hingewiesen,
bei Löchern im Teppich
wird niemals von „Stopfen" gesprochen,
es heißt „Reparieren"!
Wie heißt eigentlich Persien heute?

Ich nehme alles zurück
und behaupte das Gegenteil.
Wie konnte ich nur sagen:
lieber Brecht als Brentano!
Das schönste Gedicht,
welches ich kenne,
ist ja von Letzterem.

„Was reif in diesen Zeilen steht,
Was lächelnd winkt und sinnend fleht,
Das soll kein Kind betrüben,
Die Einfalt hat es ausgesät,
Die Schwermuth hat hindurchgeweht,
Die Sehnsucht hat's getrieben;
Und ist das Feld einst abgemäht,
Die Armut durch die Stoppeln geht,
Sucht Aehren, die geblieben,

Sucht Lieb, die für sie untergeht,
Sucht Lieb, die mit ihr aufersteht,
Sucht Lieb, die sie kann lieben,

Und hat sie einsam und verschmäht
Die Nacht durch dankend in Gebet
Die Körner ausgerieben,

Liest sie, als früh der Hahn gekräht,
Was Lieb erhielt, was Leid verweht,
Ans Feldkreuz angeschrieben,
O Stern und Blume, Geist und Kleid,
Lieb, Leid und Zeit und Ewigkeit!"

Aus: Unvergängliche Deutsche Lyrik.
Hans v. Hugo Verlag, 1947

Das fällt einer Radfahrerin ein, die durch die abgeernteten Felder fährt
am ersten Sonntag im Oktober.

Wirklich, mein schönstes Gedicht. Ich glaube, das hatte ich im Sinn, als ich mein Gedicht „Licht und Schatten" schrieb.

Licht und Schatten

Als ich noch barfuß
über Stoppeln lief
und Ähren suchte:
War ich da arm?

Als ich in Schuhen
über Pflaster schritt
und alles kaufen konnte:
War ich da reich?

Und dann,
als ich mit dir
durch alle Tage ging:
War das das Glück?

Und jetzt,
da sich das Leben neigt,
nur noch Erinnerung:
Bin ich zufrieden?

So viele Fragen,
die alle offen steh'n:
War'n schlechte Tage gut
und war ich hungernd satt?

Heute nacht träumte ich,

ich wäre vierundsiebzig.
Vierundsiebzig! Ich fahre hoch
und kann mich gar nicht einkriegen.
Das ist ja unmöglich.
Benommen stelle ich fest:
Es ist möglich, mehr als das,
in drei Wochen werde ich sechsundachtzig!

Kurz vor dem 86!

Kurz vor dem 86,
ändert sich mein Rhythmus,
auch mein Tagesablauf.
Wenn ich um halb sechs frühstücke,
darf ich doch wohl
um halb elf zu Mittag essen
und um fünf Uhr zu Abend essen, oder nicht?
Und deshalb, genau deshalb
passe ich in kein Heim,
und die Heimordnung ließe es auch nicht zu,
dass ich koche.
Gott sei Dank,
meine Moneten reichen dafür nicht im
entferntesten, auch nicht, wenn das Heim
Pflegestufe 1 beantragt.
„Das bekommen wir schon hin."
Pass auf dich auf, Mensch!

Plagiaterie

„Jetzt wo ich ende, beginne ich."
und noch ein Zitat von T.S. Eliot:
„Alte Menschen sollten auf Forschungsreise
                              gehen ..."

Wo das steht, weiß ich nicht mehr,
Ewigkeiten ist es her,
dass ich das las und vergaß.
Heute, mit fünfundachtzig,
(mein Leben macht sich!)
tauchte es plötzlich auf,
und ich verstand auf Anhieb,
dass meine Forschungsreise
an den inneren See gehen muss,
an dem ich wohne.
Dazu gehören keine Schalmeienklänge,
keine Blätter, die im Wind treiben,
wenn man kein Haus mehr bauen kann.
Es ist eine Reise in die Nacht,
wo es erlaubt sein muss,
hehre Texte anwenden zu dürfen
und sie in die Gegenwart zu zwingen.
Sich von wunderbaren Mächten
getragen zu fühlen, ist wunderbar,
aber es gehört mehr dazu.
Es bedarf ganz realer Menschen,
und ich brauche für den Rest meiner Reise:

1. den Fahrradmenschen Renken,
der mein Rad in Ordnung hält und immer für
Luft im Reifen sorgt. Danke.

2. eine Ärztin wie Dr. Neumeyer, die
mich kennt und das Richtige für mich weiß.

3. auch die alten Zähne brauchen den Experten,
wenn zu viel Wasser unter der Brücke,
weiß ich, wo Dr. Topp ich finde.

4. und das Gehör? Dafür sorgt Meister Knoop
bei Hahm. „Da ist noch eine Menge Potenzial",
beruhigt er mich.

5. auch dem Mann auf der Bank sei Dank,
Herr Wenke, der dafür sorgt,
dass ich nicht alles verschenke.

Und last not least brauche ich meine Monika
                                        Rohde,
die mich wunderbar trägt und den Mut hat,
                                    mich zu
ermutigen, und die Reiseroute benennt,
wenn ich schon umkehren möchte.

Ihnen allen gilt mein Dankeschön,
und wenn ich die Neunzig radelnd erreiche,
feiern wir ein Fest und „fahren alle an die See".
                                    (Irma la Duce)

Christel Bethkes Geschichten
und Reflektionen über das
Leben im Alter sind lesenswert für alle,
die schon älter sind,
oder es noch werden möchten.

256 Seiten, ISBN 978-3-7347-8250-3
*Zu beziehen
durch Ihre Buchhandlung*